Alessandra Benassi

IL MIO CUORE
A 360 GRADI

Youcanprint *Self-Publishing*

Titolo | Il mio cuore a 360 gradi
Autore | Alessandra Benassi

ISBN | 978-88-91176-39-4

Youcanprint Self-Publishing
Via Roma, 73 – 73039 Tricase (LE) – Italy
www.youcanprint.it
info@youcanprint.it
Facebook: facebook.com/youcanprint.it
Twitter: twitter.com/youcanprintit

INDICE

AMARO RICORDO

Mi ero ripromessa di non piangere.
Ma poi
mi è capitata tra le mani una tua foto
ed ora i ricordi ricominciano a riaffiorare.
Con te mi sentivo davvero unica.
Il nostro tempo è passato
ed ora ciò che rimane di un grande amore
è solo un amaro ricordo.

ADDIO

Dai tuoi occhi una lacrima scende
percorrendo tutta la guancia
fino a bagnarti le labbra di tristezza.
Non un cenno di sorriso,
non una parola.
Solo il dolore nel tuo sguardo
riesco a leggere;
quel dolore
che avvampa improvvisamente le tue gote
e ti impedisce di salutarmi
per l'ultima volta.
Asciugarsi le lacrime a vicenda
è forse l'unica soluzione
a questo difficile momento.
A volte in questi casi
le parole sono di troppo,
muoiono in gola e allora piangi
perché è tutto quello
che ti rimane di un addio.
Amo ricordare come mi guardi
quando ti parlo
e amo farlo in silenzio

fissando il vuoto per ore,
perché ogni singolo ricordo,
un'immagine bruciata in pochi secondi,
mi è rimasta dentro così tanto
che non basterebbe una vita intera
per dimenticarla.

COME IL MARE

Come il mare dipinge affreschi sulla spiaggia
io vedo questo mondo a colori
mentre il resto del mondo in bianco e nero
vive nell'ottusità
di una vita infelice e non più reale.

CONTRO OGNI PROSPETTIVA

Questo amore tra noi
è sbocciato così
contro ogni prospettiva,
ogni terreno fertile.
E' sbocciato ed appassito.
Come un fiore selvatico nato dal nulla
e vissuto in cattività tra le ostilità del mondo.

CUOR MIO

Cuor mio piangi
nell'immensità di questo dolore.
Travolto dall'indifferenza del suo sguardo,
dalla crudeltà delle sue parole.
Io vivo con la speranza che tu possa guarire
e leccandoti le ferite,
tu possa dimenticare
chi per errore e per codardia,
ti ha ferito così tanto
da non poter più vedere il mondo
con gli occhi di prima.

GRIDA

Grida il tuo cuore.
Grida il mio nome.
Non mi fermo.
Ho creduto in te per troppo tempo.
Ho aspettato.
E purtroppo ho sofferto più di te.
E ora grida.
Grida pure.
Non ti sento.

NON RESTA CHE IL NIENTE

In questa cieca solitudine
sento sussurrare più volte la mia mente.
Il tuo nome è come un eco costante
tra i miei pensieri,
tra i miei ricordi.
E così
ho aperto un cassetto
per cercarti.
Quello in cui un tempo
tiravo fuori tutti i miei sogni.
Con te.
E' vuoto.
Non potremo più ridere insieme.

L'AVERTI PERDUTO

Una coltre di nebbia
rende questi miei occhi ciechi.
Persa è la strada per l'eterno paradiso
e il desiderio
sembra spegnersi
con l'arrivo della prima rugiada.
Potrò mai ritrovarti amore mio?
Infinito è il dolore nel petto
al sol pensiero che tu non sia più mio.
La speranza è tutto ciò che resta
e che mi fa cercar ciò che ho perduto,
ciò che ho sempre desiderato
e che solo ora che più mi manca
mi lascia l'amaro in bocca.
L'angoscia di non poterti mai più rivedere
mi distrugge l'anima pian piano
ogni minuto che passa,
ogni giorno di questa vita
ormai per me
non più densa di significato.

L'INFEDELE

Colei la quale un angelo
le ha donato il volto.
Colei la cui dolcezza
ti riempie l'animo di tenerezza.
Colei il cui bisogno continuo di attenzione
ti rende vulnerabile e protettivo.
Colei che intriga,
sensuale e capricciosa.
Colei che piange ma solo per far breccia.
Colei che pretende sempre
ma che poco concede.
Colei i cui capricci sono ordini.
Colei la cui gelosia è pura finzione.
Colei che parla d'amore
ma è solo un gioco perverso.
Colei la quale ogni parola pronunciata
cela una menzogna.
Colei a cui è stato insegnato
di tradire il prossimo per il proprio profitto.
Colei che non è mai dove dice di essere.
Colei che non è chi dice di essere.

Colei che fugge e si finge vittima
ma in realtà è carnefice.
Colei che vive di espedienti,
sempre e comunque.
Colei che non ha pace
e mai
darà pace a nessuno.

L'UNICA COSA VERAMENTE IMPORTANTE

Come cambia una persona per amore.
Svegliarsi alla mattina col fiato corto
per il ricordo di un sogno rubato
ad ogni battito del cuore.
Guardarsi allo specchio
e vedere ciò che sono diventata.
Non amo parlare di me
ma ormai le parole non servono più.
Mi basta ricordare
e pensare a tutto ciò che vorrei dirti,
per guardarti come se fossi
l'unica cosa
veramente importante nella vita.
Dolce è tutto ciò che ti circonda
e questo tuo modo d'essere a volte strano
mi fa capire
quanto in fondo io sia superficiale
per vedere solo poche cose
che ti appartengono,
cose che fanno di te l'uomo che conosco

ma che allo stesso tempo
mi è estraneo e misterioso.
Non esistono parole
per descrivere la gioia che mi esplode dentro
quando mi accorgo ogni giorno che passa
che ogni singola cosa di te che non conoscevo
e pian piano scopro di amare tanto
viene a far parte della mia vita.
Perché tu
sei l'immagine più bella
dietro uno specchio di acqua piovana,
sei uno tra i fiori più belli al mondo,
sei l'anima, il corpo, l'amore che voglio
e davvero non posso pensare
che la notte
nel silenzio della tua stanza
i tuoi sogni non mi appartengano.

LAME NEL BUIO

Come tante lame sottili
mi spacchi il cuore,
quel cuore di bambina che a suo tempo
hai fatto tanto sognare.
Vivo nell'incredulità delle tue paure
e nella speranza che tu possa cambiare idea.
Ma il mio cuore,
amore mio, sappi,
non ha più spazio per altri "No".
Vivo per te e sono da sempre con te
ma se la tua vita è oltre me,
lasciami andare
ed il mio cuore,
finalmente,
ricomincerà a battere.

INCANTESIMO D'AMORE
(la tua vita legata alla mia)

Vento della notte
che mi parli di lui
donami il suo profilo
e nel buio
accendi il desiderio.
Fiamma dall'anima rossa
che nelle vene bruci
ardi quel suo cuore irraggiungibile
e trascinalo a me.
Passione travolgente
unisciti a lui
e avvolgi col tuo manto ogni suo pensiero.
Desiderio che dal fuoco sei nato
consumalo nell'intimo
col pensiero, col cuore.
Nell'anima.

UNA VITA PER CERCARTI

Il mio cuore ti conosce da sempre
amore mio.
Una vita per cercarti
tra tanti volti.
Ti abbraccio ogni giorno in una fantasia
avvolgendomi a te nella passione più grande
e nel desiderio più intimo.
Siamo sospesi
in un tempo che non ha fine
e nemmeno principio.
Nell'attesa di incontrarci in una vita vera.
La più bella.

SENZA PIETA'

Ascolta il mio cuore,
l'eco di un amore così grande
che grida di non lasciarlo.
Urla di un abbandono
che fanno soffrire tanto.
Piegata da un addio
e distrutta da una realtà che spezza.
Ma tu senza pietà
e senza nemmeno voltarti
te ne vai.
E mentre il mio cuore grida
e le urla si perdono nell'aria,
scendono lacrime calde lungo le guance.
Il silenzio assordante della mia voce
non ti ferma.
Ed il tuo sorriso da dietro un vetro
uccide in un istante e per sempre
la mia voglia di amare.

SII UOMO

Conosci te stesso e le tue paure.
Vivi nell'incertezza di un futuro felice.
Soffri in eterno
perché rimani immobile.
E non fai niente per cambiare tutto.
Sii uomo una volta.
Reagisci.

TI RINGRAZIO

Per la miseria di sentimento.
Per l'apatia nello sguardo.
Ti ringrazio.
Per avermi svuotata da ogni emozione.
Per l'assurda convinzione
che non fossi alla tua altezza.
Ti ringrazio.
Per avermi fatto aprire gli occhi.
Ti ringrazio.

PERDUTAMENTE PERSA

C'è un grande mare nei tuoi occhi
quando mi stringo a te in un abbraccio.
Sentirti sussurrare più volte il mio nome
accanto al mio collo,
mi fa vibrare come una corda tesa.
Il riflesso del mio viso è nel tuo sguardo
e le tue labbra semi aperte
catturano i miei avidi baci
in una lunga e bruciante passione.

SILENZIO

Odio
rabbia
paura.
Ciò che rimane
di un amore spezzato
nel silenzio assordante
di uno sguardo d'addio.

SENZA PENSIERO

Non mi fu mai data da te
la possibilità di lottare per noi
perché senza pietà
e senza mai voltarti indietro
mi hai spedito,
in meno di un minuto,
in un baratro senza fine.

RICORDO SPEZZATO

La mia mente ancora adesso,
dopo anni,
ha un'immagine bellissima di te.
Un'immagine
di come ti muovevi e mi sorridevi.
Poi però
venne quel giorno.
Il più brutto.
Ed il mio cuore
è solo questo che ricorda.
Tu che te ne vai
ed il rumore spezzato
di ciò che provavo per te.

ARRABBIATA

Arrabbiata col mondo
per questa insofferenza
che ha inquinato la nostra esistenza.
Per la mancanza di sensibilità
che ci allontana sempre più.
Per l'incoerenza e la cattiveria.

SEMPRE NEL CUORE

Come fronde nel vento,
petali di vita
si lasciano trasportare dalla corrente,
in balia di un'alta marea
che mi fa brancolare nel buio.
Un tumulto nel petto
mi ricorda che senza pietà
mi hai respinto
per la paura di ciò che non conosci
e che non sapresti gestire.
Ma è audace il desiderio
e come un'impronta nel cuore,
intrepido,
il mio cuore ti cerca
ed un bagliore d'emozione,
i miei occhi incontrano
nell'incrociare i tuoi.

SOFFERENTE

Mal riposo,
in un'inquietudine
che mi consuma l'anima,
dopo un litigio
che mi ha lasciato l'amaro in bocca
ed una sofferenza d'animo
che stringe in una morsa stretta
questo mio cuore sofferente.

IL POTERTI CONOSCERE

Conoscere l'attimo
in cui un tuo respiro si fa sospiro,
sarebbe come conoscere ogni cosa di te.
Il più profondo desiderio
animato nel tuo inconscio
da qualsiasi cosa io possa fare o possa dire
è lo scopo che ancora mi unisce
a questa continua ricerca dell'oblio
che come un incubo mi perseguita
in ogni notte buia,
in ogni giorno di questa vita,
in ogni attimo in cui tu non ci sei.

RITORNO DAL PASSATO

Perdonar se stessi
per aver commesso lo sbaglio più grosso
non è certo facile.
Perder te per orgoglio tanto meno.
Viver poi nella paura
di commettere ancora lo stesso errore
sarebbe come vivere una vita a metà.
Dimenticare non riesco,
forse accantonare è ciò che mi viene meglio
per sentirmi di nuovo viva.
Per riuscire a ricomporre
pezzo per pezzo la mia vita
dovrei permettere al mio cuore
di innamorarsi ancora.
Ma la ragione ed il cuore
non son sulla stessa lunghezza d'onda
ed io sono confusa.
Sono confusa
soprattutto ora che per caso ti ho rivisto
ed il tuo sorriso ha incontrato il mio.
Credevo che il nostro amore

appartenesse al passato
e lì dovesse restare.
Ed invece ha varcato ogni dove,
ogni quando.
E'giunto a me con la forza di una tempesta
e travolgendomi
mi ha sussurrato...PER SEMPRE.

SUPPLICA D'AMORE

Avevi promesso che saresti tornato
che saremmo partiti assieme,
che avremmo ricominciato tutto da capo.
Ma tu non sei qui.
Le giornate si allungano
ed i miei occhi son colmi di lacrime amare.
E tu non sei qui.
Quante promesse mancate amore mio,
quanto dolore il mio cuore ferito sta patendo.
E tu non sei qui.
Ti cerco in ogni volto che incontro,
in ogni parola che sento.
Ma di te niente.
Ancor mi bruciano
le tue parole dentro al cuore
quando mi dicesti che a me ci tenevi,
che dovevo fidarmi
e che non mi avresti mai ferito.
Quante promesse e momenti magici
abbiamo passato assieme.
Ma tu non sei qui.

Quanti ricordi e quante carezze.
Ma tu non sei qui.
Amore mio torna ti prego.
Lascia che io ti ami
come meriti di essere amato.
Ti prego non avere paura,
raggiungimi ed aiutami.
Aiutami a capire come sei veramente
e spiegami ti prego
perché fino ad ora
le promesse che mi hai fatto
non le hai mai mantenute.
Ti prego torna da me.

SORRISO DI PIETRA

Un'armonia perduta
in quel giorno di pioggia
in cui il mio cuore pianse forte
per te
il cui viso sereno di sempre
si trasformò in pietra bianca
nei miei ricordi.

PASSIONE

Col colore del mare
il tuo sguardo rapito
si posa sul mio seno,
accendendo di desiderio
le mie paure più segrete.

SEMPRE VORREI

Vorrei riscrivere il mio passato.
Vorrei non poter più pensare a noi
svegliandomi un mattino
e non saper più chi tu sia.
Vorrei parlare con qualcuno
senza mai fare riferimento a te
che vorrei tanto dimenticare.
Perché vorrei non averti mai ferito
e avrei voluto che tu non lo avessi fatto a me.
E perciò vorrei decidermi
e buttare tutte le tue foto.
Vorrei saper voltare pagina.
Ma soprattutto
vorrei strapparti via dal cuore
perché questa angoscia continua
pesa come un macigno.

BRUCIANTE PASSIONE

Come una tempesta di fuoco
divampa il tuo sguardo
accendendo di desiderio la mia passione.
Un sospiro,
un lieve alito sul collo
e brividi sottili
mi fan tremare lungo la schiena.
Una spallina abbassata,
una bacio sulla pelle,
una carezza sulla guancia
ed il mio mondo,
quello fatto d'orgoglio,
crolla.

NEL BUIO

Triste realtà di una fine
con un amaro in bocca
che spacca lo stomaco.
Come nel buio più nero
di una notte senza stelle,
cieca
avanzo senza aiuto
in cerca di una speranza
che mi salvi il cuore.

VECCHI RICORDI

Grida di vecchi ricordi
incise da sempre nel cuore
sembrano sgretolarsi
in questa atmosfera autunnale,
dove gli umili sentieri
di questo mio cuore sofferente
specchiano la mia anima
in una luce imperfetta.

TORNA DA ME

L'inverno è arrivato
e la neve copre ogni vetta,
ogni ricordo della scorsa estate.
Tutto è bianco intorno a me e la luce,
i colori di qualche mese fa
non ci sono più.
Le notti calde passate assieme
sono ormai lontane,
soffocate da questo gelido manto
e ho paura che non torneranno.
Dalla mia stanza guardo fuori
con la speranza di vederti arrivare
ma è tutto così bianco ed il cielo così grigio.
La speranza è tutto ciò che rimane
di questo ricordo meraviglioso.
Notti passate assieme a parlare,
a guardarsi, a toccarsi.
Notti che mi hanno resa viva
perché tu mi hai reso unica.
Notti splendide che mi fanno sognare.
Spero tu non sia solo questo, un ricordo.
Spero torni da me e tu dia vita di nuovo

a questa mia esistenza.
Vieni amore mio
ti sto chiamando, non mi senti?
Raggiungimi ti prego e amami di nuovo
come solo tu sai fare
e rendimi di nuovo unica ai tuoi occhi.

PREGHIERA D'AMORE

Amor mio ascolta la mia preghiera.
Cercami.
Chiamami.
Fermati e ascolta il mio cuor che ti chiama
ti prego.
Dove sei?
Amor mio le giornate son lunghe
e le notti ancor di più senza te.
Avevi promesso ricordi?
Che non mi avresti mai lasciato
che non avrei mai sofferto.
Ed io sono qui
ferita.
Sono qui
sola.
Quante bugie ci separano
e quante delusioni.
Quanto coraggio ti è mancato
e quanta sfiducia in noi.
Mi hai ferito profondamente.
Mi hai ingannato.

Che uomo sei?
Reagisci e raggiungimi.
Dimmi che non ho mai contato niente per te
e fallo guardandomi negli occhi.
Dimmi che erano tutte bugie
ciò che raccontavi mentre mi abbracciavi.
E soprattutto
dimmi perché non hai mai creduto in noi.
In me che ti ho sempre amato
e che nonostante tutta la sofferenza
che mi hai causato
attendo ancora
il tuo ritorno a braccia aperte.

LA NOTTE

Nella più solitaria e buia notte,
dove il mio cuore vaga
nelle più profonde crepe del desiderio,
un tuo abbraccio
è come il tepore di un fuoco acceso
ed il crepitio continuo
danzerebbe con i miei pensieri
lodando i tuoi lineamenti
al bagliore di quel calore
e desiderando
con tutto il cuore
il tuo corpo nudo.

SPERANZA

Non sempre
la vita ci riserva giorni positivi.
Non sempre si riesce
a rendere partecipi gli altri dei propri sogni.
Quei sogni che solo la notte
ti allontanano
dalle preoccupazioni e dai problemi
che ci angustiano continuamente.
Non sempre
ci si sveglia al mattino
con la consapevolezza
che splenderà il sole comunque.
Ed è in questi momenti
che un "sempre" dettato dal cuore
è ciò che rimane
per ritrovare un sorriso perduto.
Un abbraccio non corrisposto
non necessariamente
dipinge una fine,
ma un meraviglioso inizio.

VITA MIA

Ho condiviso giorni sereni
e giorni di tempesta.
Momenti di paura e di certezza.
Ho versato lacrime e regalato sorrisi.
Ho pianto amore e riaperto di nuovo il cuore.
Ho avuto imprevisti e disgrazie
ma non ho mai permesso
che lo sconforto mi prendesse.
Ho inciampato,
sono caduta e mi sono rialzata.
Ho vissuto momenti di inquietudine
e momenti di gioia.
Ho rischiato di morire
ma il mio desiderio di vivere
ha preso il sopravvento.
Ho guardato al futuro con sicurezza
pur vivendo momenti di indecisione.
Ho lottato per vivere e per sopravvivere.
E ad un certo punto
ho saputo fermarmi per poi ripartire.
E poi

quando credevo finalmente
di avere tutto sotto controllo,
sei arrivato tu.
E tutto si è rimesso in discussione.
La mia vita, il mio futuro.
Dimmi.. Chi sei?
Che mi tocchi tanto il cuore.
Chi sei?
Che hai chiuso in un cassetto assieme a te,
ogni mio sogno.
Chi sei?
Vita mia..

OLTRE OGNI LIMITE

Amare oltre ogni limite.
Amare senza confine.
Amare senza saper cosa sia la paura
né la vergogna.
Amare senza il bisogno di mentire.
Amare con la sincerità che ti rende libero.
A volte,
amare con l'incertezza
e con gli imprevisti di una vita difficile.
Un sogno insomma.
L'allucinazione più desiderata,
ciò che definirei qualcosa di impossibile.
Amor mio..
Questo è l'amore che voglio..

ODIO

Per la consapevolezza che mi hai usato.
Per il tempo passato ad aspettare
che facessi qualcosa.
Odio.
Perché in tutti questi anni
mi hai fatto credere
di essere importante per te
ed invece
era solo per interesse che mi tenevi vicina.
Ma soprattutto,
ti odio da morire
perché non c'è una volta
che tu mi abbia guardato negli occhi
e mi abbia detto la verità.

L'ULTIMA NOTTE

Notte magica
notte di luna piena.
Il tuo viso davanti a me
al chiaror della luna mi pare unico.
Il tuo sguardo si fa dolce
e tenero è il bacio
che le tue labbra lasciano sulle mie.
Lo so che mi ami e che vorresti di più
ma non è possibile amore mio.
Sai che questa notte magica
sarà l'unica per noi.
Sai che dopo questo incontro
i nostri corpi non si toccheranno più.
Il tuo sguardo si fa triste
ed ai miei occhi scendono calde lacrime.
Come vorrei restare qui con te per sempre.
Come vorrei che non svanisse tutto così presto.
Ti amo, te l'ho mai detto?
Vorrei dirti tante cose
ma le parole muoiono in gola.
Il dolore sale

e gli occhi sempre più rossi bruciano.
So che mi mancherai tantissimo.
So che la mia vita non sarà più la stessa.
E soprattutto
so che non riuscirò mai più
a guardare la luna
senza pensare a te.

INCERTEZZA

Oh mio cuore
corri ti prego
fin dove la speranza
coglie il fato tra le sue braccia,
dove l'impossibile ormai possibile
scioglie questo mio tormento
in un caldo abbraccio.
Sbaraglia ti prego
ogni malessere.
Cogli l'attimo in cui ogni singolo dubbio
mi allontana da lui
e placa ogni incertezza
che attanaglia questa mia vita solitaria.
Avvolgi con la tua luce
ogni tenebra
e allontana ogni presagio.
Ti prego.. Aiutami..

ORGOGLIO DI DONNA

Stampato nella mia mente
c'è il tuo viso contratto dal dolore.
Il dolore
che solo una donna ferita
può infliggere nello spezzare
un cuore apparentemente inesistente.

IL PIU' DISTANTE

Grumi d'odio e di rancore
ormai il mio cuore ne è intriso.
Sei l'uomo più distante.
Ed il ghiaccio nei miei occhi
stritola il tuo cuore
e ti trascina via.

IL TUNNEL DELLE ATTESE

Sprofondo in un abisso di incertezze
tra dubbi e ostilità.
Ed in questa assenza di gravità
il tunnel delle attese
mi stritola i ricordi.

SPERANZA DI VITA

Come in una clessidra,
granello dopo granello,
vedo scorrere la mia vita
giorno dopo giorno.
Avvolta in un abbraccio
mi lascio trasportare
e con la magia di un tocco
sento cedere le gambe.
La mente vacilla

in un turbinio di passione.
E' l'odor del tuo dopo barba
che mi fa batter forte il cuore.
Gocce di vita

e tante lacrime d'amore
mi lasciarono povertà d'animo,
tempo addietro.
Un'armonia distrutta

e un'incapacità di vivere ancora.
Ma in questa carenza di sentimento,
mi hai dato una speranza di vita
e la paura di amare

ed il vuoto incolmabile
si sono dissolti
con la dolcezza del tuo sguardo.
Ed ora io
vivo per quel sorriso.
Quel sorriso che ogni giorno mi regali
e che ora il mio cuore,
risvegliato dal suo torpore,
accoglie sempre a braccia aperte.

TRISTE POETA

Sono un triste poeta
colpito nell'amore
che nell'immenso degli abissi
tenta di riemergere
mentre rughe incise in un sudario d'amore
portano ad una vita
piena di scheletri d'ombre.

AURORA DI GHIACCIO

Il tuo sguardo è un'aurora di ghiaccio
con linee tortuose
ed agganci che sfuggono.
Vero, incidi immagini.
Ma sono immagini
che come petali fra le dita
scivolano via
lasciando solo il vuoto
di un'esistenza senza più significato
e come un abisso senza fine
inghiotte senza pietà
ogni mia speranza d'essere felice.

INCONTRO

In un silenzio velato
le tue labbra incontrano le mie.
Ed i sentimenti sospesi,
tra dubbi ed incertezze,
si dissipano.
Sento il profumo della tua pelle
ed i baci hanno sete di te.
A passi incerti
ti cerco,
con le labbra,
con il tocco delle mani.
La tua pelle brucia
ed il soffio di un sogno,
intriso d'amore,
mi trascina via.

FRAGORE

Il lampo e poi il fragore.
Come il rombo di un tuono
che devasta dentro,
le tue parole incrinano la mia anima
e spezzano per sempre
la mia voglia di vivere.

NOSTALGIA

Pensiero d'amore
in quest'alba di incertezze,
si fa nebbia.
La nostalgia di un richiamo
mi trafigge il cuore
ma la mente soffoca ogni emozione.

AD UN PASSO DAL BUIO

Languide carezze bagnano la sabbia
in questa buia notte
dove l'unico faro che illumina questa tenebra
è una pallida luna bianca.
Triste come un poeta d'altri tempi
sento vagar la mia mente
alla ricerca di quel ricordo d'amore
che ormai mi ha lasciato
ed un vuoto incolmabile
ha preso il sopravvento.
Mi guardo intorno
e solo il buio mi accompagna
e allora cedo
lasciando che la tenebra
mi riprenda con sé.

NON SAI

Ai confini del ricordo
in questo barattolo ormai vuoto
sono fuggiti via tutti i miei sogni con te.
Non sai quante volte
ho respirato il tuo profumo sul cuscino
col desiderio che restassi.
Non sai quanti timidi gesti
per non farti andare via.
Quanti fiori dispersi.

Come dispersi
sono i miei desideri
e trafitte dall'ombra
tutte le mie speranze.

CON L'ANIMA

Sono qui
a scrivere una poesia con l'anima
per colui che diceva di amarmi
ma se né andato.
Ed ora nei tuoi occhi
si rispecchia il suo volto.
Ed il riflesso di un ricordo
ritorna dal passato.

IN VOLO

Fantasia d'autore
in un alba di incertezze
che questa realtà distorta
mi spinge a sognare.
Mentre ai confini di un mondo
che non mi appartiene
la tua mano tesa mi aspetta.
Un tocco, un abbraccio.
Un volo.
Ed è subito magia.

TREMORI

E' come perdersi per l'ennesima volta,
nel medesimo abbraccio.
Quel tocco delicato sulla mia mano
è come una scossa improvvisa
che scatena in me una sensazione
che oramai ho rinnegato da tempo.
Un brivido
alla base del collo
comincia a scendere lungo tutta la schiena.
Sto tremando.
Non voglio che accada ancora.
Mi sono ripromessa.
Ma sono qui di nuovo accanto a lui,
imprigionata
in una morsa sempre più stretta.
Quest'uomo vuole farmi impazzire.
I pochi istanti che mi tengono appesa
a questo filo sottilissimo
mi rendono certa di una cosa soltanto.
Non l'ho mai dimenticato.

L'ASSE IMMAGINARIO

Mi manca quello che sei.
Mi manca quello che fai,
il tuo sorriso,
i tuoi occhi.
Tutto ciò che ho intorno
mi sembra senza senso.
Guardo ciò che ho davanti
e nonostante io mi sforzi,
non vedo niente.
La verità è che tutto ciò che mi appartiene,
ruota attorno a te,
che come un asse immaginario
dai equilibrio a questo mio modo d'essere,
a questa mia vita un po' balorda
ma allo stesso tempo la rendi speciale,
come rendi speciale me
ed il nostro rapporto.

MI MANCHI

Mi manchi
come il sole caldo
manca ad una giornata di pieno inverno.
Mi manchi come il cielo stellato,
oscurato dalle nubi,
manca ad una delle notti più buie.
Mi manchi più del mare che amo tanto
e del dolce soffio della sua brezza.
Mi manchi più di ciò che mi nutre,
più di ciò che mi disseta.
Mi manchi sempre e comunque.
Vorrei vederti, vorrei toccarti.
Vorrei poter esprimere
i miei sentimenti liberamente
e lasciare che facciano effetto pian piano
nel tuo cuore.
Vorrei vederti sorridere ancora una volta
e vorrei che quel singolo momento
non finisse mai.

L' IMPORTANZA D'ESSERE GIUSTI

Noi

stupidi senza ideali né orgoglio,

in una triste realtà di orrori quotidiani

dove un mondo deluso da valori bruciati

e cattiveria senza prezzo,

piange per la mancanza di disciplina

e l'atrocità di sentimenti

che svaniscono

in un inferno che sembra inghiottire

i sopravvissuti

di un'epoca ormai estinta.

Noi

creditori di vita e di speranza,

in una realtà distorta

dove le parole son perse

in un'ipocrisia di generazione senza valore.

Noi

che piangiamo lacrime tristi

come amaro è il destino che ci attende

dove l'innocenza è deturpata

in un grigio sfumare di inquietudine.

Aspettiamo.
Dal grigio cielo ostile
una speranza sembra vivere
ed un nuovo fiore nasce
all'alba di un giorno nuovo.
Eroe in un mondo segnato dal tempo
dove l'importanza d'esser giusti
varca ogni dove.
Eroe in un sogno perso
che ancora ama e crede
in un domani migliore.
Eroe giusto.
Eroe.

UN NUOVO MONDO

Piove da giorni ormai
e il cielo grigio sembra non voler cambiare.
Seduta davanti alla finestra dei ricordi
il tuo viso mi appare
e una cascata di colori accesi
da vita a questa mia esistenza ormai grigia.
Mi sorridi e di luce si riempie ogni cosa.
Questo cielo, questa pioggia
ormai lontani, sono solo un ricordo
perché ora sono qui con te
in questo mondo colorato
dove il blu è l'orizzonte
ed il verde dà speranza.
Mi prendi la mano e mi porti via
con te, lontano
E tutto è diverso.
Niente più dolore,
niente più morte nel cuore.
Solo noi due ed un nuovo mondo
fatto di me e di te.

MAI SOLO

Se proprio oggi pensi di essere solo
in questa pianura desolata,
dove la nebbia
ti sembra essere l'unica cosa veramente reale,
allora trattieni il fiato e ascolta il silenzio.
Sono qui non mi senti?
Da lontano due parole giungeranno a te
come un sussurro nella quiete
e ti accorgerai solo allora
di non essere mai stato solo.
Ascolta.
..Ti amo..

DEBOLEZZA

Saperti prendere
nelle situazioni più delicate,
sarebbe come prenderti
nell'unico modo possibile
per chi ti conosce veramente.
Ma è anche vero che conoscerti veramente
è praticamente impossibile
ed il desiderio di capirti completamente
è davvero grande.
A volte vorrei guardarti dritto negli occhi,
quegli occhi che amo tanto
e accorgermi di come sei dentro veramente;
leggere come un libro aperto
le tue sensazioni,
i tuoi sentimenti in quel momento,
mentre mi guardi
e cerchi altrettanto scrutando
ogni mio singolo movimento.
Indescrivibile è la profondità del tuo sguardo
e l'intensità con cui manifesti il tuo affetto
accelera improvvisamente
i battiti del mio cuore

e solo allora vedo chiaramente
ciò che ho sempre avuto davanti…

NEL MONDO

Sul filo del rasoio
come un equilibrista
mi faccio spazio nel mondo
dopo una triste amarezza per un addio
che con un mare di inquietudine
mi devasta dentro.

LUI E' TORNATO

Anima mia,
regina del mio cuore
unica e sola
sorridi lui è tornato.
I suoi occhi sono il tuo specchio,
le sue parole son per te uniche
ed il mio cuor sussulta
davanti alle sue labbra.

Lo so anima mia
tanto è mancato
e tanto è il tempo che è passato.
Ma lui è tornato.

Non so quanto durerà
e nemmeno se resterà con noi
ma lui è qui adesso
ed un enorme tesoro ci fa luce,
tra le ombre
le insicurezze
e le nostre paure.
Ed oggi o per chi sa quanto
anche se per poco
ci renderà felici entrambe.

MERAVIGLIOSAMENTE

Dopo averti detto chi sei veramente.
Dopo un litigio,
un chiarimento,
un pianto.
Dopo il rifiuto ed il dolore
che mi ha trafitto come una lama il petto.
Dopo aver bruciato ogni tuo ricordo.
Dopo una doccia
nel tentativo di lavare via il segno
di ogni tua carezza.
Dopo mesi e mesi di depressione
e di solitudine.
Ora,
adesso,
finalmente sto
meravigliosamente bene.

DESIDERIO

Un'enorme peso sul petto
rende questo mio cuore triste.
Il respiro si è fatto affanno
aspettando che il momento passi.
I pensieri sono confusi
e le parole ancor di più.
Che brutto momento amore mio.
Se mai ne uscirò,
se mai guarirò,
verrò da te.
Saprò guardarti,
saprò parlarti,
saprò abbracciarti.
Perché la paura di morire ti cambia dentro.
Qui sola,
senza di te,
in queste notti buie e fredde,
i miei desideri scendono ad uno solo.
Un bacio.
Che con le ali sfrutti la scia del vento
e voli dritto tra le tue braccia.

SEMPRE E COMUNQUE TUA

Con impeto ti fai spazio tra i miei pensieri.
La mente vacilla
mentre ti guardo.
Come una marea mi trascini via
e onda in onda
mi culli tra le tue braccia.
E mentre il maroso spumeggia
e dentro me cresce pian piano,
penso solo a te
e a come mi fai sentir viva.
Ed io son tua
senza più timore,
senza più alcun pensiero.
Son tua al baglior di un nuovo giorno,
sempre e comunque tua.
E l'impeto,
la furia che dentro imperversa
si placan pian piano
e sol dopo la tempesta,
mi accorgo che è tutta colpa
del color dei tuoi occhi
che quando guardo

mi fan impazzire
sempre e comunque.

SOGNATORI

Come gocce di rugiada
scivoliamo su steli di una vita immaginaria
in un tempo infinito
che scolpisce le nostre esistenze,
in un dipinto impresso nei nostri cuori
con la consapevolezza
che il mondo in cui viviamo
è solo una straordinaria fantasia.

CHE UOMO SEI?

Ti è sempre mancato il coraggio
di guardarmi negli occhi.
Hai persino sempre avuto bisogno
di una scusa per vedermi.
Non ti muovi, aspetti.
Che uomo sei?

AMORE DISPERSO

Trafiggo il cuore
con pensieri che fanno male
e con parole nella mente
che si raggruppano in frasi d'abbandono.
Un amore disperso
in una valle di lacrime calde
dove canaloni salati
scendono ripidi lungo le guance
e la voce smorzata in singhiozzi
urla tutto il suo dolore
per ciò che è andato perso.